Happy School

Campos de Experiências

Mônica Pina e Virginia Finzetto

Inspirado nos ensinamentos de
HENRI WALLON e MARIA MONTESSORI

Eu Experimento

Sentir e Brincar

Happy Books

Este livro pertence a

_ _ _ _ _ _ _ _ _ _ _ _ _ _ _ _

_ _ _ _ _ _ _ _ _ _ _ _ _

Rodovia Jorge Lacerda, 5086 - Poço Grande
Gaspar - SC | CEP 89115-100

Direção:
Angela Finzetto

Texto e consultoria pedagógica:
Mônica Pina

Atividades e edição:
Virginia Finzetto

Imagem e ilustração:
Living Art e Shutterstock

Projeto gráfico e diagramação:
Marcos Inoue

Revisão:
Tamara B. G. Altenburg

IMPRESSO NA CHINA
www.happybooks.com.br

Dados Internacionais de Catalogação na Publicação (CIP)
(Câmara Brasileira do Livro, SP, Brasil)

Pina, Mônica
Eu experimento: Sentir e brincar
[Texto: Mônica Pina, Virginia Finzetto; Ilustração: Shutterstock].
Gaspar, SC: Happy Books, 2023.
(Coleção Campos de Experiências)

ISBN 978-65-5507-626-4

1. Capacidade motora em crianças 2. Coordenação viso-motora
3. Educação infantil (Atividades e exercícios) 4. Habilidades - Literatura infantojuvenil I. Shutterstock. II. Título. III. Série.

23-168074 CDD-028.5

Índices para catálogo sistemático:

1. Literatura infantil 028.5
2. Literatura infantojuvenil 028.5

Eliane de Freitas Leite - Bibliotecária - CRB-8/8415

SUMÁRIO

Atividades

Materiais que vocês vão usar

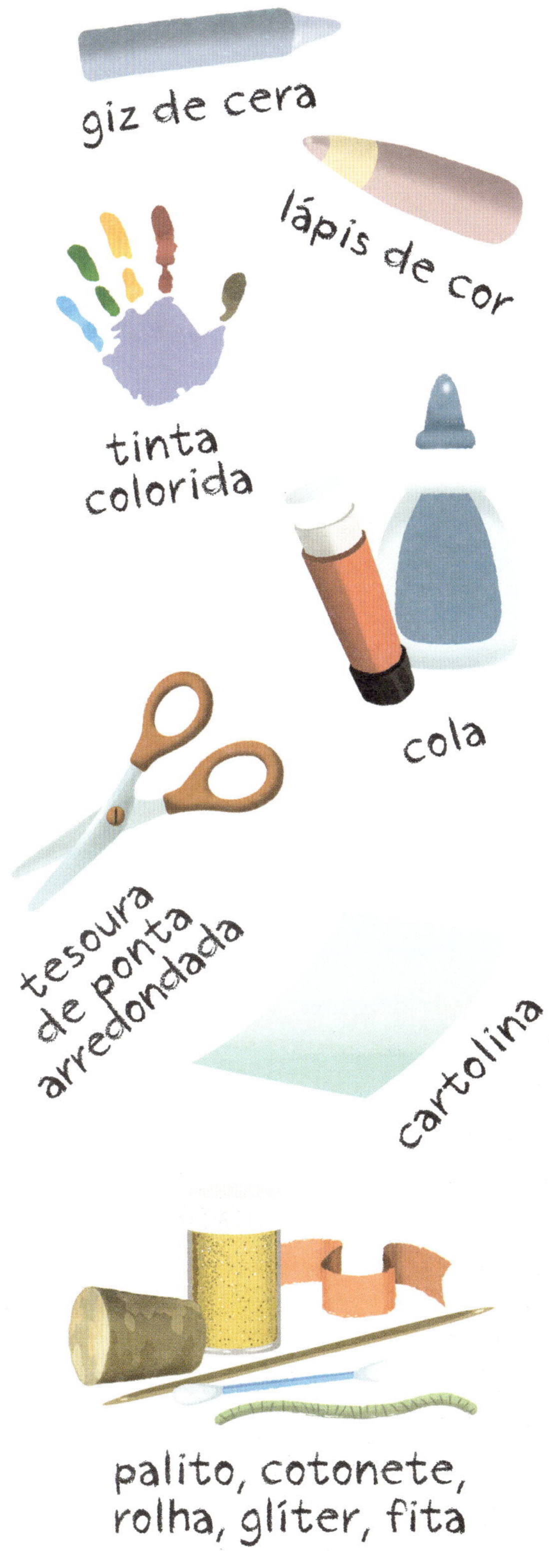

UMA VIDA
repleta de estímulos!

No processo de desenvolvimento da criança, conhecimentos, experiências e emoções não podem ser entendidos como elementos isolados, pois se entrelaçam e se reforçam o tempo todo.

Crianças emocionalmente equilibradas e apoiadas por seus familiares têm mais motivação para fazer descobertas, adquirir habilidades, superar situações novas e alcançar objetivos cada vez mais significativos, principalmente quando sua sensibilidade, curiosidade e criatividade são estimuladas.

> "A curiosidade é um impulso para aprender."

Maria Montessori, médica, pesquisadora e educadora

Especialistas em educação definem determinadas áreas de experiência como fundamentais para que a criança aprenda e se desenvolva plenamente. Portanto, cada volume da coleção foi elaborado com foco em uma dessas áreas, sempre valorizando a criança, sua complexidade e individualidade.

As atividades enfatizam habilidades, atitudes e valores que os pequenos vão desenvolver e que se relacionam com suas interações e brincadeiras. A vivência deles com as propostas de cada livro se transformarão em experiências educativas e divertidas, proporcionando a vocês compartilharem momentos de crescimento e afeto.

Áreas de experiência

Cada livro da coleção **Campos de Experiências** tem foco em uma destas áreas, fundamentais para que a criança aprenda e se desenvolva:

EU ME COMUNICO - LINGUAGEM

comunicação oral • vocabulário • habilidades de leitura e escrita • rimas • narração de histórias

EU CALCULO - MATEMÁTICA

quantidades • medidas • comparações • operações números • formas • solução de problemas

EU E OS OUTROS - EMOÇÕES E CONVÍVIO SOCIAL

identidade • autocuidado • autoestima • inteligência emocional consciência de si e do outro • regras sociais

EU EXPERIMENTO - SENTIR E BRINCAR

coordenação visomotora • experiências sensoriais • habilidades de escrita

EU CRIO - CRIATIVIDADE

desenho • pintura • colagem • música • teatro

EU DESCUBRO - EXPLORANDO O MUNDO

natureza e meio ambiente • ciências história • geografia

EU ME LOCALIZO - TEMPO, ESPAÇO E MOVIMENTO

tempo • espaço • orientação absoluta e relativa sequências de fatos • relações de causa e efeito

APRENDER é divertido!

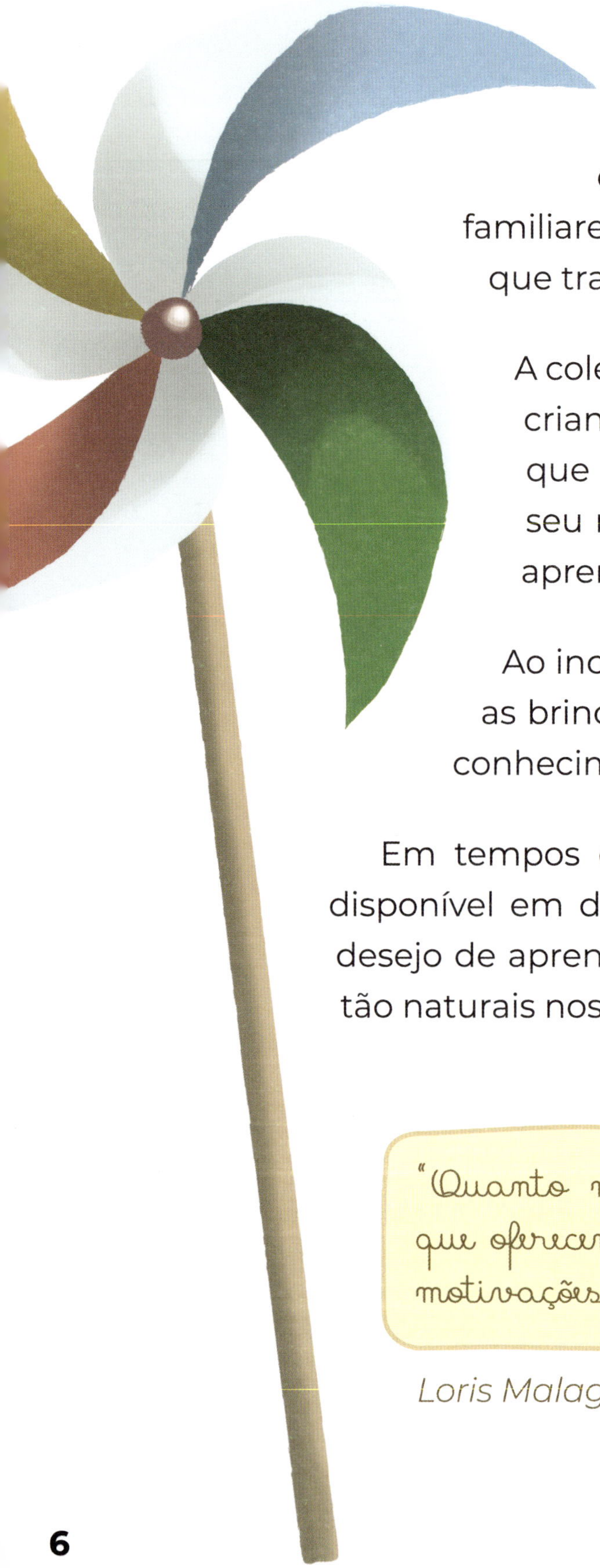

Curiosas e criativas, as crianças fazem as suas maiores descobertas enquanto brincam, experimentam, exploram e observam as pessoas e o mundo ao seu redor. Para acompanhá-las nessa jornada e apoiar o seu desenvolvimento, educadores e familiares contam com a coleção **Campos de Experiências**, que traz atividades desafiadoras e muito divertidas.

A coleção **Campos de Experiências** valoriza o potencial da criança de maneira integral, com propostas educativas que favorecem suas formas de expressão e ampliam seu repertório de vivências e percepções, estimulando a aprendizagem em todas as áreas.

Ao incentivar a criança a fazer suas descobertas e explorar as brincadeiras dos livros abrem-se novos caminhos para o conhecimento.

Em tempos de mudanças tão velozes e de muita informação disponível em diversos meios, é ainda mais importante valorizar o desejo de aprender, a curiosidade e a capacidade de se maravilhar, tão naturais nos primeiros anos de vida.

"Quanto mais ampla for a gama de possibilidades que oferecemos às crianças, mais intensas serão suas motivações e mais ricas serão suas experiências."

Loris Malaguzzi, pedagogo e professor

RECADO aos pais

Acompanhar o crescimento de uma criança é uma experiência fascinante, cheia de expectativas e de inquietações. Afinal, como a família pode ajudá-la a se desenvolver de forma plena e harmoniosa?

Está comprovado que os aspectos cognitivos, intelectuais, psicológicos, comportamentais, emocionais e relacionais de cada indivíduo se estruturam na primeira infância ou, mais precisamente, a partir dos estímulos a que a criança é exposta nos primeiros cinco anos de vida. Não é por acaso que os especialistas destacam que nessa fase é essencial acolher, ouvir e observar as interações e reações da criança, além de respeitar e estimular suas potencialidades.

Valorizando a conexão com os familiares como a maior referência para a criança, a coleção **Campos de Experiências** traz propostas para serem realizadas com o apoio dos pais. Elas foram criadas, especialmente, para crianças entre 3 e 6 anos de idade.

Cada brincadeira é um convite para que pais e filhos vivenciem mais momentos juntos, com estímulos que têm o objetivo de ampliar as experiências e o desejo da criança de conhecer e experimentar tudo o que é novo.

> "A criança observa com amor, nunca com indiferença, e essa atitude permite que sua inteligência revele o invisível."

Maria Montessori, médica, pesquisadora e educadora

EM AÇÃO

Aprender com o corpo todo

Correr, pular, rolar, tocar, escorregar, dançar... As crianças não param um minuto. O que nem sempre percebemos é que, enquanto se movimentam, elas estão aprendendo e usando o próprio corpo para conhecer e compreender a si mesmas e ao mundo. Essas aprendizagens e percepções, que começam muito cedo, favorecem o desenvolvimento de suas potencialidades em diferentes aspectos e estimulam avanços na psicomotricidade, na coordenação visomotora, nas vivências sensoriais e em outras habilidades fundamentais para apoiar o processo de compreensão da leitura e da escrita.

Logo de início, a criança descobre as mãos e percebe sons, aromas, sabores, expressões e o acolhimento do colo. Depois, rola, senta, engatinha, dá os primeiros passos. Mais adiante, ela salta, corre, gira, pega, solta e, dessa maneira, vai se divertindo e aprendendo cada vez mais.

O corpo é um instrumento de interação com o mundo e é também o nosso primeiro brinquedo — único, especial e cheio de possibilidades. Por isso, as crianças estão sempre em ação, experimentando, sentindo, testando limites e explorando formas de movimentação, comunicação e expressão.

O estudioso francês Henri Wallon, na década de 1920, foi um dos primeiros a observar a relação entre o corpo e a aprendizagem, estabelecendo uma relação direta entre a dimensão cognitiva e as atividades motoras e sensoriais.

A médica e educadora italiana Maria Montessori, em pesquisas que até hoje influenciam outros estudiosos, considerou que o movimento é essencial para a criança formar sua identidade, sua personalidade e sua vontade. Segundo ela, a ação vem antes do entendimento, e é o movimento que permite que a criança absorva uma grande quantidade e variedade de informações e estímulos, podendo compreender, completamente, o que a envolve e, assim, desenvolver-se em todo seu potencial, inclusive na alfabetização e na ampliação do raciocínio lógico.

Para ter uma ideia da importância dessas vivências, imagine, por exemplo, uma praia. Qualquer pessoa pode pesquisar tudo sobre praias, mas somente depois de ter contato com a areia e com a água é possível compreender, de fato, todas as sensações envolvidas na exploração desse ambiente. Da mesma forma, o avanço gradual das habilidades motoras e sensoriais abre para as crianças possibilidades de interação que, por sua vez, dão origem a novas oportuni-dades de aprendizagem.

Este livro contém atividades, com níveis gradativos de dificuldades, as quais foram criadas para estimular vivências motoras e sensoriais, dando vazão à tendência natural que a criança tem de tocar em tudo e manipular o que está ao seu alcance. Em cada nível, há uma introdução que destaca os principais temas das atividades e, ao final, são sugeridas outras brincadeiras para treinar habilidades manipulativas.

Acompanhe a criança enquanto ela explora o livro, fazendo imitações, gestos e buscando materiais, como folhas de plantas, tintas de várias cores, giz de cera, pincéis, rolhas, cotonetes, esponjas, areia, barbante, entre outros. Enfim, atividades que a estimulem a experimentar diferentes tipos de pegadas, a variar a intensidade dos movimentos e a criar novas estratégias para realizá-las.

> "As descobertas feitas com o corpo deixam marcas, são aprendizados efetivos, incorporados. Na verdade, são tesouros que guardamos e usamos como referência quando precisamos ser criativos em nossa profissão ou resolver problemas cotidianos. Os movimentos são saberes que adquirimos sem saber, mas que também ficam à nossa disposição para serem colocados em uso."

Esteban Levin, pesquisador, psicomotricista, psicólogo e psicanalista

Nível 1

Para iniciar

As propostas deste nível destacam ideias divertidas para a criança brincar, imaginar, se movimentar e experimentar novas sensações; além de pintar, traçar, colorir, rabiscar e desenhar de muitas formas diferentes.

Segundo estudos da educadora e cientista **Maria Montessori**, o caminho do intelecto passa pelas mãos. É por meio do movimento e do toque que a criança explora e decodifica o mundo. Por isso, convide-a a observar e sentir o entorno e a usar os diferentes materiais nas atividades, experimentando texturas e resistências diversas e ajustando a posição e a pressão das mãos.

Veja quais são os principais temas e as habilidades desenvolvidas:

- Ao observar e desenhar a sua própria mão, a criança pode **vivenciar experiências sensoriais diferentes**, tanto na mão que traça quanto na que é usada como modelo, e assim descobre as muitas possibilidades de fazer desenhos a partir de contornos.
- Identificar os dedos e transformá-los em personagens permite que a criança adquira, de forma lúdica, **consciência de seu corpo e de suas potencialidades**.
- Usar os dedos para brincar, **carimbar e pintar favorece a sensibilização** e cria muitas opções de interação do corpo com diferentes materiais.
- Brincar com materiais não convencionais, como folhas de plantas secas, algodão e rolha, **estimula a curiosidade** e permite explorar diferentes tipos de pegadas e novas estratégias para completar a atividade.
- O uso da tesoura sem ponta é um desafio importante para auxiliar no **desenvolvimento do tônus muscular, da força, da pressão e da coordenação motora**. Deixe que a criança a experimente para rasgar e recortar papéis e outros materiais, mas a oriente a não usar objetos pontiagudos.

Enquanto a criança interage com as brincadeiras, converse com ela, ouça suas ideias e opiniões e inventem outros jeitos de brincar a partir dessas propostas.

A mão

Já reparou em quantas coisas você consegue fazer com suas mãos? Quantos dedos há em cada uma? Coloque uma delas no espaço indicado, com o pulso sobre a linha e, com a outra mão, faça o contorno — primeiro com o dedo, depois com giz. Pinte a parte interna do desenho de uma cor e a externa de outra.

Os dedos

Quer conhecer a turma de personagens dos dedinhos? Complete os tracejados com giz e use a pontinha de cada um de seus dedos e tintas de cores diferentes para fazer as carinhas. Depois, preencha com giz da mesma cor o caminho que une os dedos a seu nome.

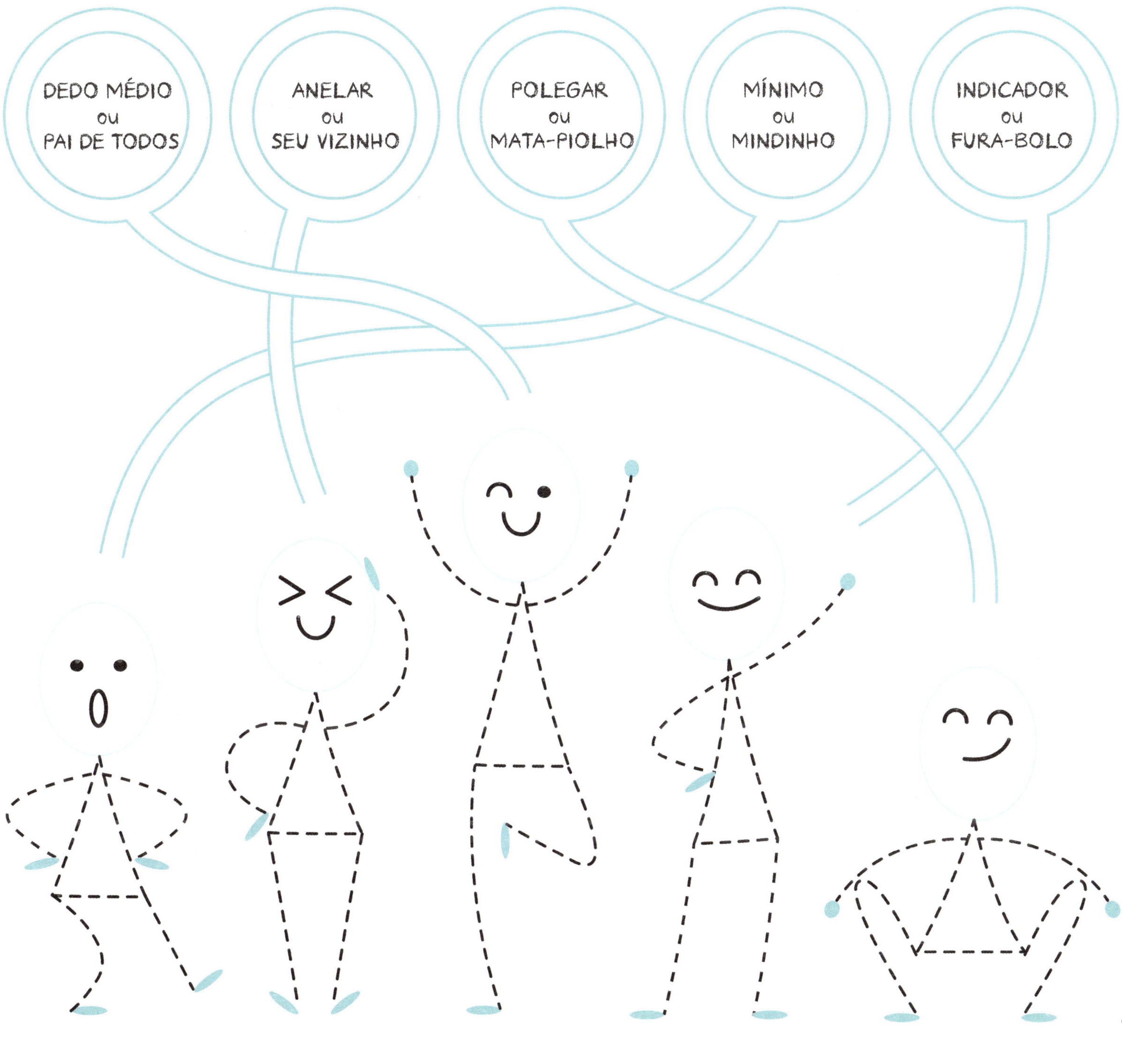

A natureza

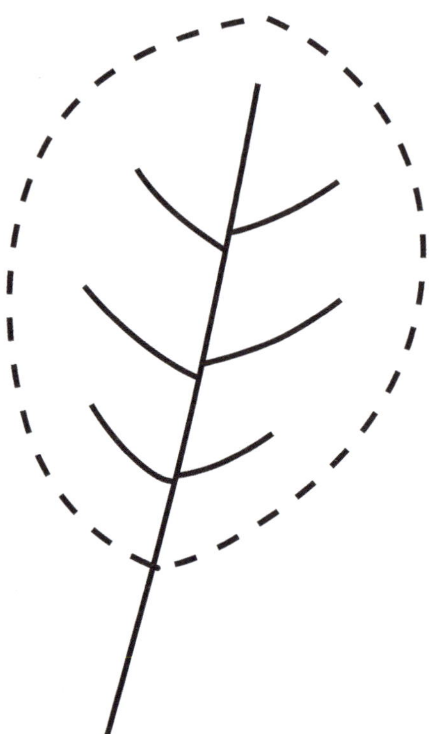

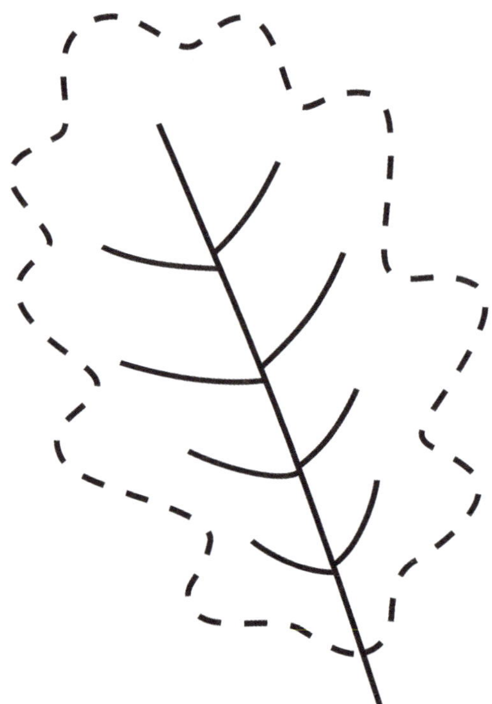

Faça um passeio em uma praça e observe as plantas.
Toque nas folhas e perceba as diferenças de texturas e formas.
Depois, na página ao lado, complete e pinte as folhas. Abaixo, pinte o tronco da árvore com giz e faça folhinhas coloridas com tinta a dedo ao redor dos galhos.

Jardim das abelhinhas

Você sabia que as abelhas fazem um tipo de dança no ar quando encontram pólen? Assim avisam suas companheiras sobre onde podem buscar alimento. Com giz, complete os padrões que as abelhas indicam nos cartazes e o tracejado das trilhas abaixo. Depois, deixe as pétalas das flores bem coloridas.

O lanche do esquilo

O esquilo passeia entre as árvores para coletar bolotas e guardá-las em sua toca, garantindo alimento para o inverno. Brinque com as escadas, fazendo o tracejado com seu dedo e, depois, complete-o com o giz de cera. Conte quantas bolotas o esquilo já juntou em sua toca e termine de colorir o arbusto.

A vila dos duendes

Quadrinhos

Com a ajuda de um adulto, use a tesoura sem ponta e recorte cada quadrinho para completar as cenas das páginas 22 e 25.

Xiii... Faltam partes da cena! Destaque a página 23 e recorte as imagens com cuidado, seguindo os tracejados. Depois, encaixe-as nos lugares certos das páginas 22 e 25 e cole. Então, conte a história em quadrinhos com a turminha dos duendes que você completou.

Movimentos no mar!

Quais partes do seu corpo você precisa mexer para nadar? Imite-se nadando e mostre como é o movimento das ondas. Em seguida, com giz, complete os tracejados, pinte os peixinhos e desenhe outros bem coloridos.

Brinque com as formas

As formas

Com a ajuda de um adulto, use a tesoura sem ponta e recorte cada figura para completar as cenas das páginas 28 e 31.

Você já se divertiu em um parque de diversões? Recorte as peças da página 29 e identifique e nomeie as formas: quadrado, retângulo, triângulo ou círculo. Encaixe cada uma no seu lugar e, depois, cole-as para completar a cena.

Esconde-esconde

Qual parte do rosto o menino cobriu com as mãos? Complete o tracejado, pinte o que falta e conte quantas crianças estão se escondendo. E agora que tal brincar de esconde-esconde também?

A galeria

Use uma rolha como carimbo para fazer o miolo das flores, variando a força na hora de imprimir para conseguir efeitos diferentes. Depois, pinte as pétalas com giz de várias cores.

BRINQUE MAIS

Campos de Experiências é só o começo!

De olho na natureza

Aproveite o passeio a uma praça, sugerido na página 22, para estimular a criança a brincar com folhas, sementes e galhos secos que encontrar no chão. Com os pauzinhos, ela pode criar varinhas de pescar, pincéis, vassouras ou varinhas mágicas. As sementes colocadas em latinhas ou potinhos podem servir de instrumentos musicais artesanais, pois produzem diferentes sons. Incentive a criança também a tocar em folhas de vários tamanhos, cores e texturas e a observá-las contra a luz do sol, usando os sentidos para perceber semelhanças e diferenças.

Passeio dos bichos

Depois de brincar subindo e descendo a escada com o esquilo na atividade da página 20, que tal criar outras brincadeiras com os movimentos dos dedos? Em uma mesa ou outra superfície plana, a criança pode usar os dedinhos de várias formas para imitar uma formiga passeando apressada, uma minhoca rastejando, uma aranha escalando a parede e um gafanhoto saltando, por exemplo. Enquanto ela faz cada movimento, cantem juntos alguma canção ou parlenda sobre cada bichinho.

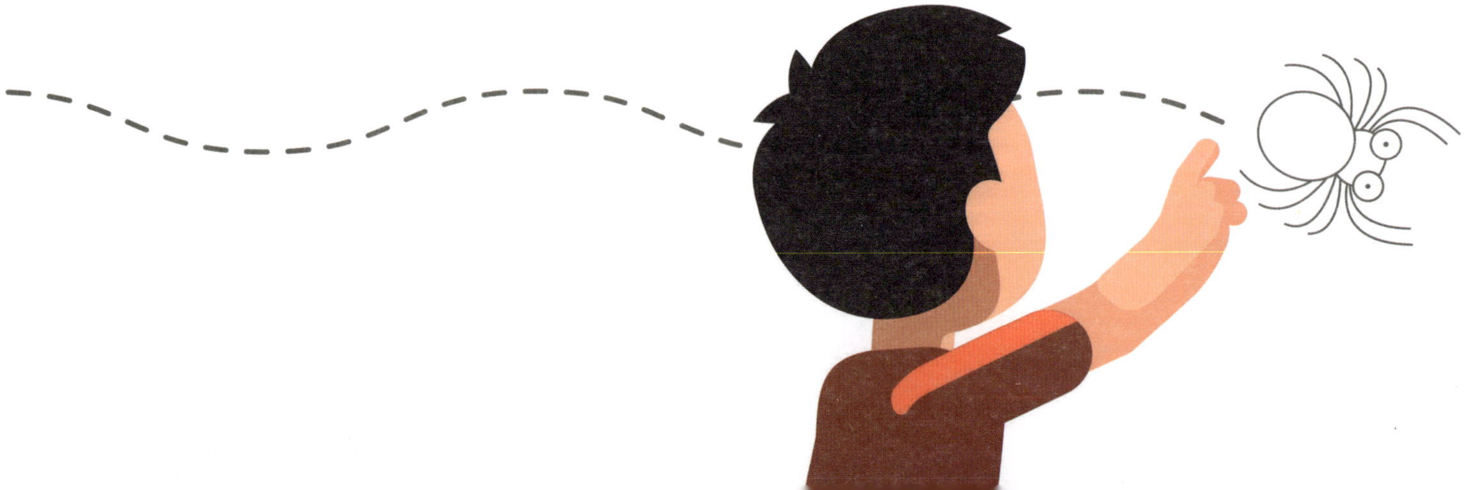

Nível 2

Perceber o próprio corpo

As atividades deste nível estimulam o movimento, a psicomotricidade e a experimentação sensorial, ajudando a criança a ampliar suas percepções e habilidades e a fazer suas próprias descobertas.

Além de explorar os cinco sentidos, as atividades valorizam outras percepções estudadas pela neurociência, as quais já eram destacadas pela médica e educadora **Maria Montessori**, como as sensações proporcionadas pelo sistema vestibular, relacionadas ao equilíbrio, e pelo sistema proprioceptivo, que nos permite perceber a localização, a posição e a orientação do corpo no espaço.

Veja quais são os principais temas e as habilidades desenvolvidas:

- A brincadeira com o traçado de linhas relacionado aos movimentos de girar um bambolê na cintura **desafia a imaginação e a percepção do próprio corpo**, contribui com as noções de lateralidade e de equilíbrio e pode ser uma ideia para recuperar uma brincadeira antiga e muito divertida.
- Recortes com tesoura auxiliam no **desenvolvimento sensório-motor** e criam possibilidades de explorar texturas e contornos. Vale também rasgar papéis de diferentes espessuras e procurar descobrir as formas neles.
- As várias atividades de cenas com animais sempre despertam a atenção da criança, incentivando-a a imitar **sons e movimentos**. Sugira que ela faça pesquisas e imagine histórias com bichos como personagens.
- Na atividade das bonecas matrioskas, que se encaixam umas dentro das outras, além de criar personagens, a criança desenvolve a **motricidade e noções espaciais e de tamanho**. A brincadeira pode se expandir com potes de cozinha que se encaixam dessa maneira e com brinquedos organizados em caixas por ordem de tamanho, por exemplo.

Convide a criança a interagir e se divertir também com as dicas de brincadeiras da página 58. Nessa fase de grande atividade e muita curiosidade, cada experiência abre a ela novas possibilidades de investigações e conclusões.

Bambolê

Mexa seu corpo o girando, como se estivesse brincando com um bambolê. Depois, use o dedo para fazer as trilhas, complete os tracejados com giz e pinte, da mesma cor, os bambolês correspondentes.

Amor aos animais

Instruções

Com a ajuda de um adulto, use a tesoura sem ponta e recorte os animais abaixo. Depois, cole-os nos lugares correspondentes nas páginas 40 e 43.

Você já viu de perto algum destes animais?
Imite o som de cada um e na sequência devolva a alegria da fazenda trazendo os animais de volta. Peça a ajuda de um adulto para recortar os bichinhos da página 41 e cole cada um em seu lugar.

Bichos digitais

Toque de leve com os dedos em tinta colorida e carimbe as carinhas para formar figuras de animais, como as da página ao lado. Se quiser, varie as cores, desenhe o corpo dos bichinhos e pinte todos com giz.

As quatro estações

A cada estação do ano, a natureza se transforma! Você sabe em que estação estamos agora? Converse com um adulto sobre isso. Depois, cole pedacinhos de algodão para fazer a neve e pedaços de folhas secas para completar os galhos. Pinte as flores e as frutas com cotonete e tinta.

O passeio das lagartas

Qual é a sua fruta preferida? Os bichinhos adoram todas! Com o seu dedo, percorra os caminhos cavados no miolo das frutas: comece na página da esquerda e siga a orientação das setas até a saída. Depois, trace o percurso com giz.

Os gêmeos

Que tal brincar com os irmãos bichanos? Ligue os pontos do desenho abaixo e pinte-o igual ao outro gato. Depois, recorte a moldura da página ao lado e siga as instruções de montagem do quadrinho para enfeitar o seu quarto.

INSTRUÇÕES:

1. Peça ajuda a um adulto para recortar pelo tracejado.

2. Com um palito de churrasco, faça os furos nos locais indicados.

3. Pelo verso, passe cada uma das pontas de um pedaço de fita pelos furos do pescoço do gato e, pela frente, puxe-as até ajustar, fazendo um laço em seguida.

4. Finalize a alça da moldura com fio de lã e pronto: pendure esta obra de arte!

As formiguinhas

Elas não param de levar comidinhas para o formigueiro!
Qual alimento gostoso você gostaria de armazenar em sua casa?
Complete os tracejados e pinte o que falta em cada bichinho.
Depois, marque com um **X** as duas flores iguais.

As matrioskas

As bonequinhas que simbolizam o amor e a maternidade na cultura russa são feitas de madeira oca e se encaixam umas dentro das outras. Pinte o avental de cada uma da cor que quiser e descubra, na página ao lado, como se divertir com elas.

Instruções

Com a ajuda de um adulto, recorte as bonecas e dobre-as como indica o esquema ao lado. Brinque de encaixá-las sobre as figuras da página anterior, de colocá-las umas dentro das outras, de ordená-las por tamanho... Dê um nome para cada uma e invente outras brincadeiras!

Relacione

Observe com atenção as figuras abaixo e ligue-as às formas geométricas correspondentes. Com seu dedo, contorne as linhas de cada quadrado, triângulo e círculo e, depois, pinte da mesma cor as formas iguais.

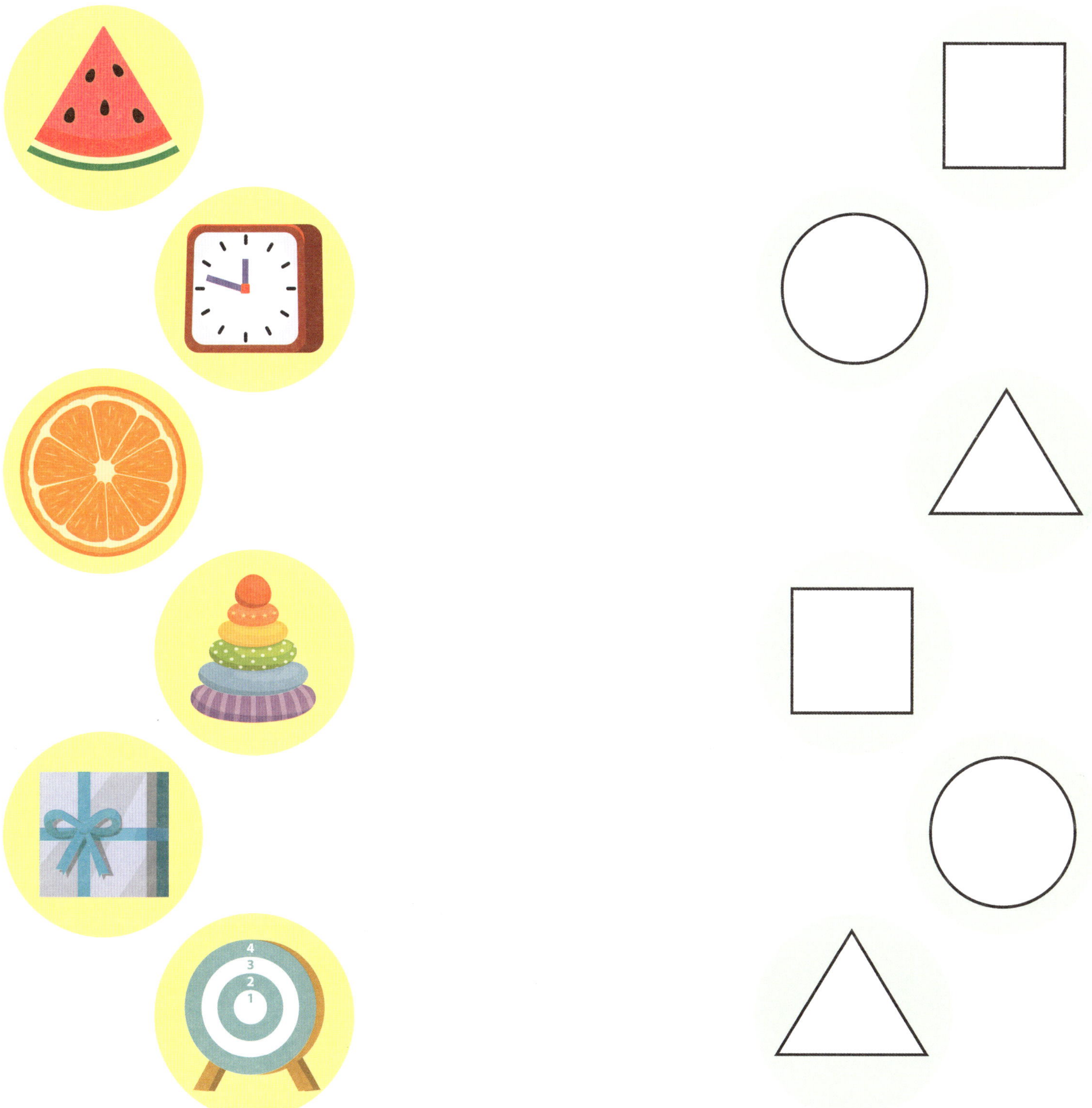

BRINQUE MAIS

Campos de Experiências é só o começo!

Brincar com o corpo

Que tal fazer um jogo de mímica só com brincadeiras? A criança vai fazer movimentos e você vai ter de descobrir do que ela está brincando. Vale bambolê, amarelinha, esconde-esconde, corda, corrida, videogame, brincadeira com travesseiros, além de qualquer outro jogo ou movimento de dança. Depois, os papéis se invertem e você faz a mímica.

Metamorfose

As lagartas, que aparecem em destaque na página 48, costumam despertar muita curiosidade nas crianças. Procurem juntos por algum desses animais em uma praça ou jardim, para observar seus movimentos e algumas das etapas de seu desenvolvimento aqui ilustradas. Depois, vale improvisar uma brincadeira com o corpo, no estilo "vivo ou morto", movendo-se no chão como a lagarta, ficando parado em pé como o casulo e mexendo os braços como se fossem as asas da borboleta.

Nível 3

Sentidos em alerta

As atividades deste nível valorizam a motricidade, as noções espaciais e os sentidos, assuntos destacados nos estudos de **Maria Montessori**. As propostas ajudam a criança a se concentrar, a refinar sua percepção, a ampliar seu repertório de movimentos, conhecimentos, sensações, linguagens e habilidades, de maneira que ela possa se conhecer melhor e avançar em seu desenvolvimento para agir e interagir no mundo.

Veja quais são os principais temas e as habilidades desenvolvidas:

- ✔ Enquanto faz traçados, pinta, recorta e encaixa peças, a criança vivencia experiências com formas, despertando a **identificação de espaços, tamanhos e contornos** e, também, testa diferentes materiais.

- ✔ A observação de cores, tamanhos e formas, além de conexão de pontos e conceitos de posição e distância, favorecem **o desenvolvimento de habilidades visuais e lógicas e a coordenação visomotora**.

- ✔ Ao identificar e nomear animais, alimentos, cores, objetos e sensações, a criança amplia suas **habilidades linguísticas e expressivas**.

- ✔ O **jogo sensorial**, da página 72, com peças elaboradas com a participação da criança, destaca representações de números e quantidades, estimulando percepções que ajudam a compreender e **fixar conceitos e habilidades de lógica e raciocínio**.

- ✔ Ao recortar figuras para montar sanduíches, na página 64, a criança explora as **muitas possibilidades dos sentidos** que se combinam para trazer as sensações de cores, aromas, sabores, temperaturas e texturas, além de entrar no mundo do faz de conta, onde não há limites para a criatividade. A partir dessa brincadeira, é possível fazer experimentos na cozinha e sugerir formas de organizar e classificar objetos e alimentos.

Vale observar quais temas e propostas chamam mais a atenção da criança e em quais ela dedica mais concentração, para retomar essas atividades outras vezes apresentando novos desafios.

Ondas e curvas

Treine os caminhos completando os tracejados que levam cada um destes animais ao seu alimento. Depois, imite os movimentos e os sons que eles fazem.

O camaleão

Você sabia que o camaleão consegue mudar de cor e se camuflar no ambiente para se proteger de inimigos? Pinte-o de acordo com as cores de cada local em que ele está.

A lanchonete

Ingredientes

Peça ajuda a um adulto para destacar esta página e recortar os itens abaixo. Para dar textura aos pães, que tal colar sobre eles sementinhas de verdade, tais como gergelim, aveia, chia ou girassol? Deixe secar bem antes de começar a montar seus "sanduíches" conforme as páginas 64 e 67.

Agora você é o chefe de cozinha! Prepare os "ingredientes" da página 65. Monte os "sanduíches", sobrepondo os itens recortados nos espaços das páginas 64 e 67, e escolha as opções para colar e completar um cardápio de dar água na boca.

De olho nos bichos

Observando o mundo pelas lentes do binóculo, você vê o que está distante como se estivesse pertinho. Contorne com o dedo as figuras dos animais, pinte-as e complete o tracejado do binóculo.

Os casais

Deixe os bichinhos felizes traçando os caminhos para levar cada um ao seu par. Percorra as trilhas correspondentes, primeiro com seu dedo e, depois, use um giz de cor diferente para cada espécie.

Contagem sensorial

Aprenda a contar e a traçar os números de maneira divertida com as FICHAS NUMÉRICAS.

INSTRUÇÕES:

1. Com a ajuda de um adulto, recorte cada ficha da página seguinte.

2. Com a ponta do dedo, percorra os tracejados de cada número e, depois, trace-o com giz. Em seguida, passe um fio de cola sobre os tracejados de cada ficha e polvilhe areia nesse caminho para formar o traçado dos números. Deixe secar bem e, depois, comece a brincadeira.

3. Sorteie uma ficha, passe o dedo sobre o traçado de areia e diga qual é o número. Veja se acertou fazendo a contagem das bolinhas no verso da ficha. Na próxima rodada, brinque com os olhos fechados e, depois, confira a resposta.

4. Após treinar esses passos, conte os elementos de cada quadrinho na página 81 e encaixe, no espaço em branco, a ficha correspondente à quantidade. Verifique, no verso, se você escolheu a ficha correta. Se errou, tente de novo.

5. Brinque muitas vezes e desafie também um amigo a se divertir.

6. Quando terminar, guarde as fichas em um envelope ou caixinha, para brincar sempre que quiser.

Peça ajuda a um adulto para destacar esta página e recortar, com cuidado, as fichas abaixo.

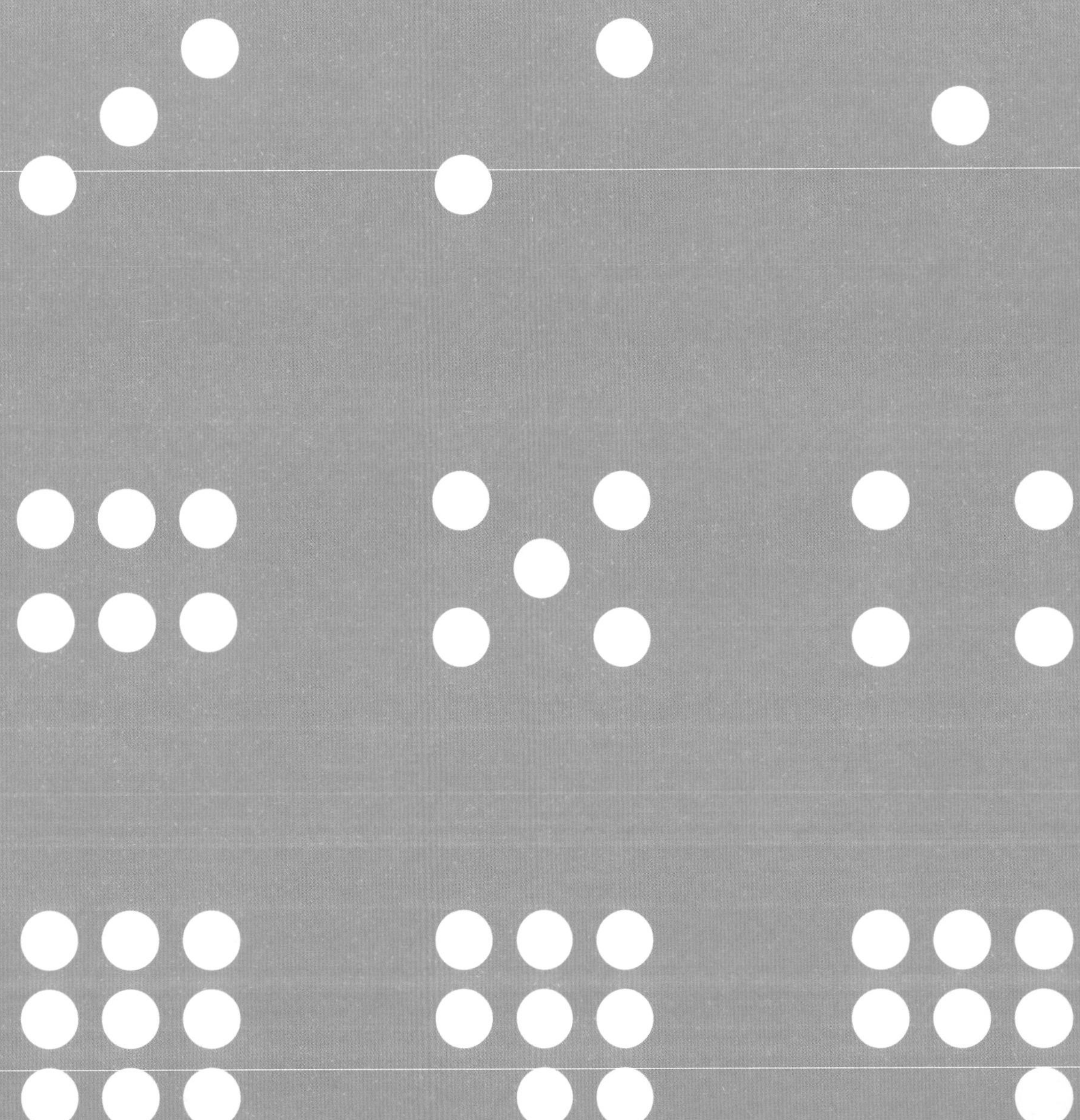

Quebra-cabeças

Trace primeiro com o dedo e, depois, com giz, levando cada peça ao lugar certo para completar o quadro do cavalo. Na sequência, siga as instruções da página ao lado e divirta-se com um quebra-cabeça de verdade.

A centopeia

Peça para um adulto recortar cuidadosamente as peças de seu quebra-cabeça. Passe o dedinho pelas peças e monte a figura quantas vezes quiser. Depois, guarde as peças em um saquinho e feche-o bem, para não perder nenhuma peça!

Formas divertidas

Contorne, com o dedinho, as figuras que compõem os desenhos. Depois, complete os tracejados e pinte os brinquedos conforme os modelos. Conte quantas formas geométricas você completou em cada um e peça a ajuda de um adulto para anotar os números nos quadradinhos.

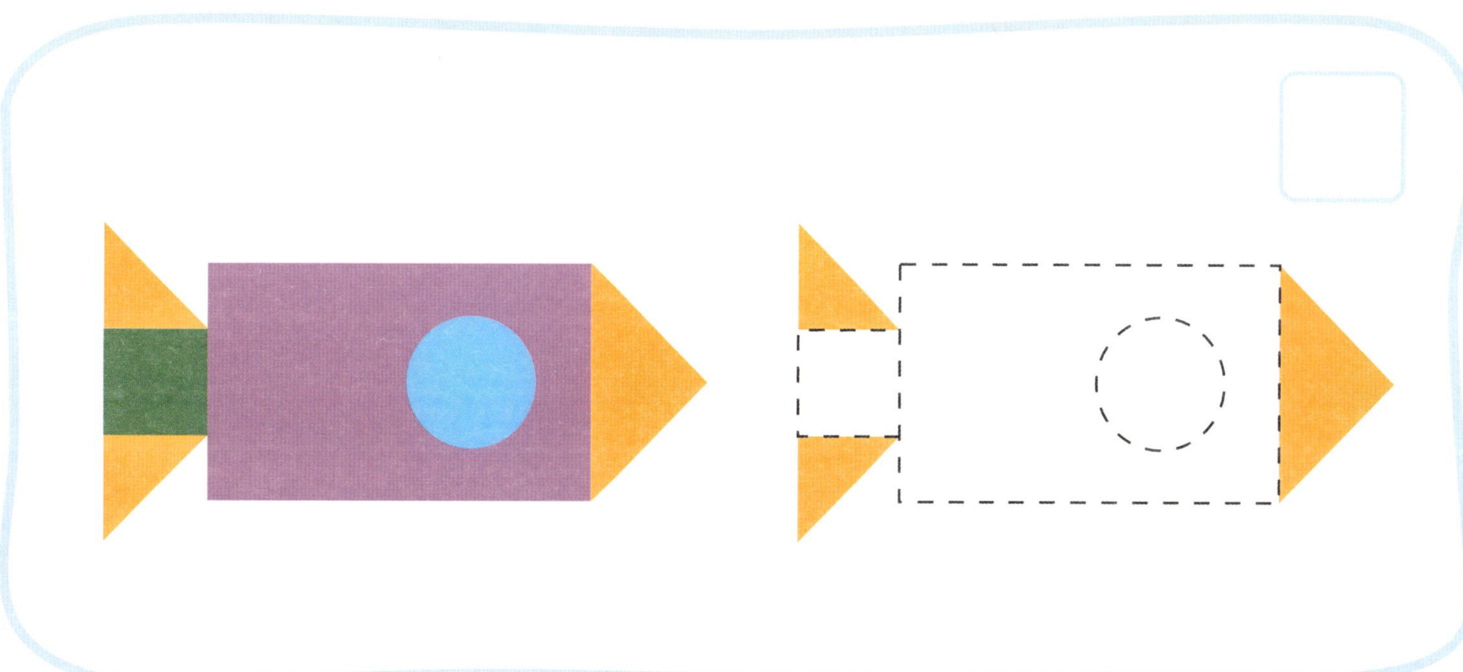

Olho-vivo

Use suas habilidades de detetive para ajudá-lo na caça ao tesouro. Na cena, encontre e circule os ovos de chocolate que aparecem em destaque no quadro.

Que bicho é este?

Ele adora voar à noite e se localiza bem no escuro. Durante o dia, dorme pendurado de cabeça para baixo. Ligue os pontos para formar outro desenho de morcego e pinte os dois.

BRINQUE MAIS

Campos de Experiências é só o começo!

Vire bicho!

A sugestão indicada na atividade da página 62 pode ser retomada em diferentes momentos. Proponha brincadeiras de imitação de sons e de movimentos de outros bichos que aparecem no livro, criando desafios como ficar parado em um pé só (como o flamingo), saltar como o canguru, enrolar-se como o tatu-bola, miar como um gatinho e farejar como o coelho. Além de observar os animais e ganhar consciência de seu corpo e dos sentidos, vocês vão se divertir!

Que fome!

Enquanto explora com a criança a brincadeira de montar sanduíches, apresentada na página 64, conversem sobre as preferências alimentares de vocês. Depois, combinem de preparar juntos uma refeição ou lanche. Vocês podem convidar alguns amigos e fazer, em casa, uma "linha de montagem" de sanduíches, com todo mundo ajudando. Inventem recheios e aproveitem para experimentar e comentar sobre aromas, texturas e sabores de cada ingrediente.

Hora das compras

Quando forem às compras, sugira que a criança leve as **Fichas Numéricas** e as use para mostrar as quantidades do que querem comprar ou os preços dos produtos. Conforme a criança avança na contagem, vocês podem fazer mais fichas com os números de 10 a 20, por exemplo, e ampliar a brincadeira.

Nível 4

Letras são para brincar

Além de atividades explorando os movimentos e as diferentes experiências sensoriais, este nível traz brincadeiras que convidam a criança a se divertir com as letras do alfabeto em cursiva, para conhecer seus traçados, formas e sonoridades de maneira lúdica e despertar o interesse pela escrita e pela leitura. Segundo os estudos de **Maria Montessori**, esse tipo de atividade ajuda o cérebro a compreender internamente como reproduzir a grafia de letras, números e traços de maneira sensorial, sem as dificuldades de manusear o lápis, o que estimula a prática de forma mais lúdica.

Veja quais são os principais temas e as habilidades desenvolvidas:

- ✔ Desafios de observar uma cena, de localizar detalhes e de reproduzir padrões auxiliam na **coordenação visomotora e estimulam a percepção**. A brincadeira fica mais interessante se a criança disser o nome dos itens que encontra e das formas e cores, **ampliando seu vocabulário e sua experiência sensorial.**

- ✔ Desenhar as letras, explorando suas formas e usando materiais diversos, como palitos ou lã, é uma maneira de **desenvolver a coordenação motora** e assimilar esses traçados.

- ✔ Ao usar tesoura, cola e areia ou glíter para fazer as letras do alfabeto sensorial e depois brincar com elas, explorando suas texturas e sonoridades, a criança tem vivências que podem ajudar na **preparação da mão para a escrita.**

- ✔ Ao brincar com as letras, procure valorizar a curiosidade da criança, celebrando cada tentativa sem cobrar perfeição nas respostas, pois é hora de **explorar a sonoridade das letras** e mostrar as diferenças na movimentação da boca, reforçando o som da pronúncia de cada vogal e consoante.

Usem o alfabeto sensorial em várias situações e brincadeiras e, aos poucos, de acordo com a curiosidade e interesse da criança e com as palavras que formarem, mostre como as consoantes se unem às vogais para formar unidades sonoras. Destaque especificidades de letras como **h** e **q**, e de outras como **k**, **w** e **y**, que são mais usadas em palavras de origem indígena e estrangeira.

Sentir e brincar

Descubra esta maneira divertida de conhecer as letras e aprender com o ALFABETO SENSORIAL.

VOCÊ VAI PRECISAR DE:

- Tesoura de ponta arredondada.
- Cola.
- Areia fina ou glíter.

INSTRUÇÕES:

1. Com a ajuda de um adulto, recorte as fichas das páginas seguintes.

2. Ainda com seu ajudante, passe um fio de cola com cuidado apenas sobre o contorno das letras. Jogue um pouco de areia ou glíter sobre a cola, sacuda o excesso em cada ficha e deixe secar bem.

3. Peça ao seu ajudante para colocar as letras em ordem alfabética. Em seguida, toque em cada uma, repetindo o traçado que fez com a cola, enquanto ele pronuncia o som da letra. Você consegue repetir cada som?

4. Escolham juntos uma letra, passe o dedo sobre ela e pronuncie seu som. Depois, pensem juntos em uma palavra que comece com ela — pode ser o nome de alguém ou de um objeto que você tem em casa. Vejam quem descobre mais palavras e continuem brincando com as outras letras.

5. Forre com papel e decore com glíter uma caixinha para guardar as suas letras e invente muitas formas de brincar.

a b c d

e f g h

i j k

l m

n o p q

r s t u

v w x

y z

Som na caixa

Continue aprendendo com o ALFABETO SENSORIAL e descobrindo o som das letras com esta brincadeira divertida!

VOCÊ VAI PRECISAR DE:

- Um ajudante adulto.
- Duas caixas ou saquinhos.
- Figuras impressas de objetos.
- Tesoura de ponta arredondada.
- Fichas do **ALFABETO SENSORIAL** (sem as letras **h**, **q**, **k**, **w** e **y**).

INSTRUÇÕES:

1. A brincadeira já começa no preparo dos materiais. Você e seu ajudante vão recortar as figuras de objetos variados com nomes que iniciem com as letras das fichas.

2. Sobre uma mesa ou tapete, coloquem as figuras recortadas e um montinho com as fichas do **ALFABETO SENSORIAL**, embaralhadas e voltadas para baixo.

3. Tirem na sorte quem vai pegar a primeira ficha do monte e pronunciar o som da letra sorteada.

4. Em seguida, cada um vai procurar a figura de um objeto cujo nome comece com essa letra. Quem encontrar primeiro pega a figura e guarda na sua caixinha.

5. Quando as fichas com letras ou as figuras acabarem, o vencedor será aquele que possuir mais figuras na caixinha.

O passeio da raposa

Ajude a raposinha a visitar a toca de suas amigas sem se perder. Faça cada caminho com o dedo e, depois, trace cada percurso com giz.

As vogais

Pronuncie cada letra em voz alta. Em seguida, brinque de desenhar as vogais com o dedo e trace-as com giz. Você conhece palavras que começam com essas letras? Que tal usar palitos de sorvete para construir letras também?

As fantasias

Complete e pinte a parte de trás da roupa dos heróis. Depois, no outro espelho, desenhe e pinte você com uma fantasia bem legal!

Retalhos coloridos

Sobras de tecido podem ser usadas para fazer peças criativas, como uma colcha de retalhos. Que tal recortar pedacinhos de pano, fita e papel, e colá-los nos quadrinhos em branco para completar estes "tapetes"?

Muitas delícias

Você conhece o sabor de todos estes ingredientes? Use o dedo e depois o giz para ligar cada alimento ao seu sabor correspondente.

DOCE

SALGADO

AZEDO

Aventura no mar

Use o lápis para unir os pontos e completar a figura de modo a deixar um navio igual ao outro. Depois, pinte os dois como quiser.

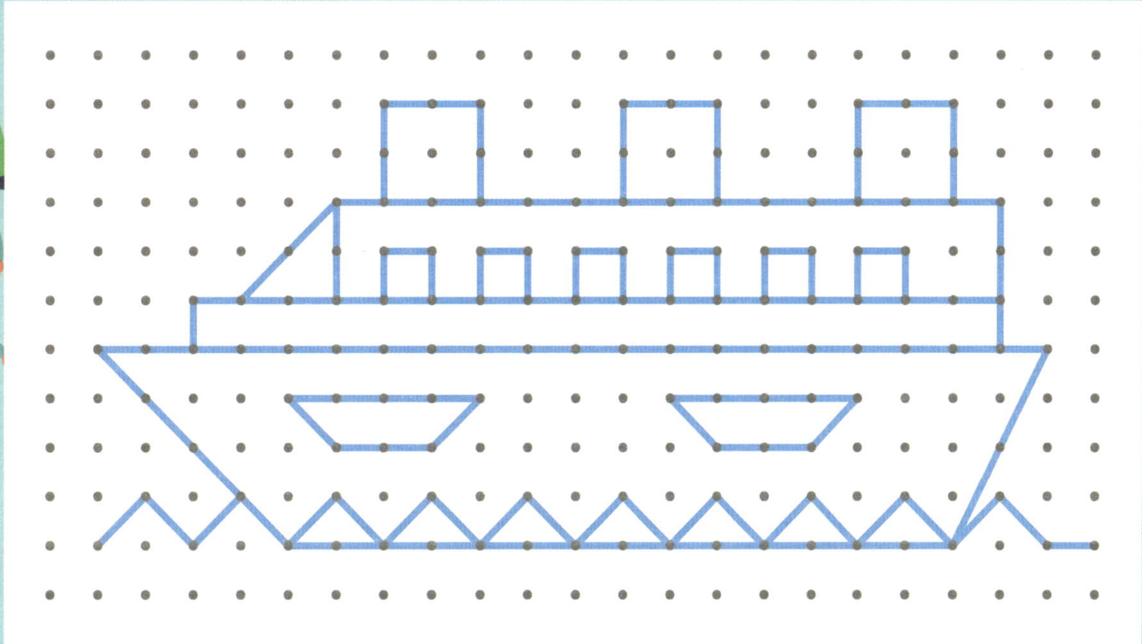

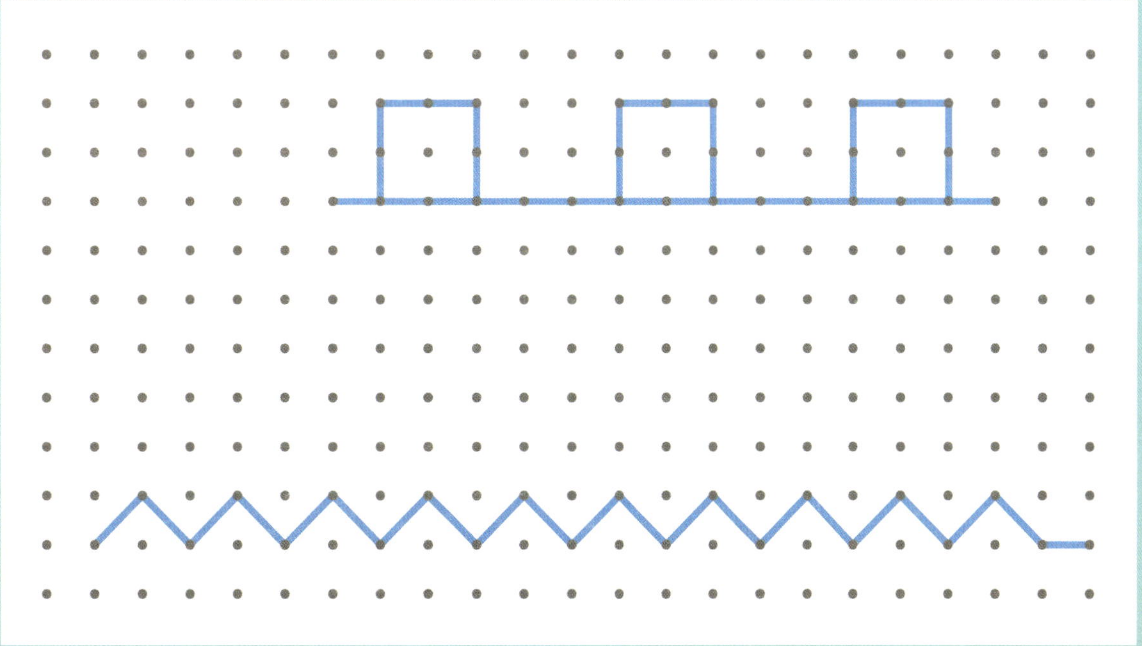

Achei!

Observe a cena e encontre os 10 objetos que aparecem em destaque no quadro abaixo. Quando encontrar cada um, diga o nome do que encontrou e marque a figura com um X.

Vamos colorir?

Use lápis ou giz e pinte os espaços numerados seguindo as cores indicadas na legenda.

1 2 3 4 5 6 7

Passeio no deserto

Estes bichos são iguais? Repare: o dromedário tem uma corcova — que é uma espécie de "montanha" nas costas — e o camelo tem duas. Circule os dromedários e cole miçangas e lantejoulas nas selas.

BRINQUE MAIS

Campos de Experiências é só o começo!

Diversão na areia

Sempre que puder, ofereça à criança a oportunidade de brincar em espaços com areia ou terra, observando o ambiente, sentindo temperaturas e texturas diferentes, desenhando com os dedos ou com galhos, construindo e traçando letras e números. Para quem não tem acesso a um espaço mais amplo, uma alternativa é colocar areia numa caixa e, de vez em quando, usar a superfície para desenhar e fazer os primeiros traçados de letras.

Delícias diferentes

Retome a brincadeira de identificar sabores, em destaque na atividade da página 98, sempre que puder. Na hora das refeições, convide a criança para descrever como percebe o sabor, a temperatura e a textura dos alimentos, descobrir ingredientes "secretos", escolher seus pratos favoritos e tentar se lembrar de sabores parecidos.

Esforço premiado!

A criança chegou até aqui e, por isso, merece um presente por ter completado o livro. Então, ajude-a a preencher o DIPLOMA no final do livro. Depois, recorte-o pelo tracejado e peça para ela guardá-lo como lembrança dos momentos felizes de aprendizado e diversão que vocês vivenciaram juntos. Continue incentivando-a a se movimentar, brincar ao ar livre, observar, ouvir, sentir e perceber seu corpo e tudo o que está no entorno, de forma divertida. Parabéns para vocês!

DICAS PARA
pais e educadores

Veja como usar os livros da coleção **Campos de Experiências** para tornar ainda mais especiais seus momentos com a criança!

✔ Na hora certa

Evite iniciar as atividades do livro se a criança estiver muito agitada, envolvida com outra brincadeira, sonolenta ou com fome, por exemplo. É melhor aguardar um momento em que ela esteja mais disponível e tranquila, para que possa dedicar mais atenção a cada proposta.

✔ Mantenha o foco

O ideal é acompanhar a criança durante toda a atividade, apresentando as propostas, ouvindo as perguntas, observando-a com atenção e valorizando seus comentários e progressos. Reserve esse tempo de qualidade para estar com a criança, mantendo distância de aparelhos eletrônicos e evitando fazer várias coisas simultaneamente.

✔ Comece do começo

Não há uma ordem determinada para a realização das atividades, mas o ideal é começar pelas mais simples, avançando aos poucos. Caso perceba pouco interesse da criança por certo desafio, avance nas páginas para outro tema que chame mais a atenção dela e retorne a esse em outro momento.

✔ Sempre à mão

Deixe o livro em um local acessível, para que a criança possa folheá-lo, explorar os temas e descobrir por quais se interessa mais, rever as páginas que completou e também ter a iniciativa de convidar você a fazer as atividades.

✔ Perceba a hora de parar

A atenção ativa das crianças, especialmente das mais novas, tem duração limitada. É essencial respeitar essa característica, sugerindo as propostas mais adequadas a cada momento. Se for o caso, apresente desafios em etapas ou faça pausas e fique atento para interromper uma atividade antes que a criança apresente sinais de irritação ou cansaço.

✔ Seja positivo

Caso a criança cometa algum erro enquanto realiza uma atividade, não a reprove nem demonstre decepção. Valorize sua criatividade e seu empenho e procure incentivá-la a tentar mais vezes, reafirmando a sua confiança. Diga que será mais fácil na próxima tentativa e que vocês conseguirão melhores resultados depois de mais treino.

✔ Desafios na medida certa

Escolha a atividade adequada: se estiver fora de alcance naquele momento, a criança pode ficar irritada e desistir e, se for fácil demais, pode não se interessar em terminá-la.

✔ Envolva-se!

A atenção do adulto é muito importante para que a própria criança valorize a atividade que está realizando. Participe da brincadeira e, ao terminarem uma atividade, comemore com um abraço carinhoso.

✔ Sensibilidade é tudo!

Na infância, a aprendizagem está muito ligada a sensações e emoções. É importante estimular a criança a vivenciar as situações de forma concreta, tocando nos materiais, ouvindo palavras e sons, observando imagens, explorando a sensação e utilizando os sentidos para concretizar a aprendizagem.

ESCREVER
faz bem!

O uso de teclados, telas e *joysticks* é cada vez mais frequente; entretanto, especialistas em neurologia e neurociência alertam sobre a importância da escrita manual, a qual é capaz de ativar áreas do cérebro ligadas a habilidades como coordenação motora, memória, atenção, organização de ideias, coerência e raciocínio, além de favorecer a criatividade e a comunicação.

Na infância, traçar, desenhar, pintar e escrever à mão é ainda mais importante, pois esse tipo de atividade influencia o desenvolvimento global da criança e de todo o seu processo de alfabetização.

Os exercícios de escrita favorecem a percepção espacial e a organização, ajudam na coordenação visomotora e fixam memórias que permitem reconhecer as formas das letras e aprender os movimentos e as conexões necessárias para escrever e ler, definindo ligações entre os processos de leitura e de escrita, facilitando o reconhecimento visual, a organização mental e a percepção de conceitos abstratos.

Para os adultos, escrever já é um processo automatizado, mas para as crianças essa competência é resultado do avanço gradual de **múltiplas habilidades**, dentre elas: a capacidade de perceber, distinguir e produzir sons para se comunicar; a memória; a consciência corporal; a organização espacial e a coordenação das mãos e dos dedos.

Na fase entre 3 e 6 anos de idade, muitas dessas habilidades estão em sua potência máxima de desenvolvimento. Portanto, oferecer aos pequenos materiais adequados às suas primeiras experiências de escrita é um grande estímulo para que avancem nesse caminho. Outra dica é escrever com as crianças, redigindo cartões, fazendo listas de convidados e de compras ou bilhetes e mostrando a escrita à mão como uma atividade lúdica e prazerosa.

Corpo em equilíbrio

A percepção do corpo e o controle da postura e dos movimentos também são importantes para avançar nas habilidades de escrita. Ajude a criança a se concentrar e se posicionar corretamente, a fim de vocês se divertirem com este livro. Para isso:

- Procurem um local bem iluminado e sem barulho.
- A criança deve ficar sentada em uma cadeira adequada a seu tamanho, com as costas e os pés apoiados.
- Os cotovelos e os antebraços devem estar livres e a mão em repouso.
- A mesa precisa estar próxima e ter a altura adequada para que a criança se incline levemente, sem precisar ficar apoiada na mão ou sobre a mesa.

Brincar para escrever

Algumas atividades divertidas ajudam a desenvolver a motricidade. Convide a criança a manusear livros e cadernos, aprendendo a virar as páginas uma a uma, a brincar com blocos de montar, massinha de modelar, fantoches e dedoches, a rasgar papéis de diferentes espessuras e a usar pinças ou pegadores para colocar e tirar brinquedos de um pote.

De olho nas mãos

Quando fazemos uma anotação qualquer, nem reparamos nas nossas mãos, mas a posição dos dedos ao pegar um lápis é resultado de um longo aprendizado motor e cognitivo.

A forma de segurar uma ferramenta de escrita é chamada de pega ou preensão. A preensão trípode, quando se utiliza apenas o polegar, o indicador e o dedo médio para escrever, é considerada a mais adequada, pois exige menos esforço e favorece a fluidez e o desenvolvimento da caligrafia.

Entenda as etapas do processo que permite à criança utilizar corretamente o lápis:

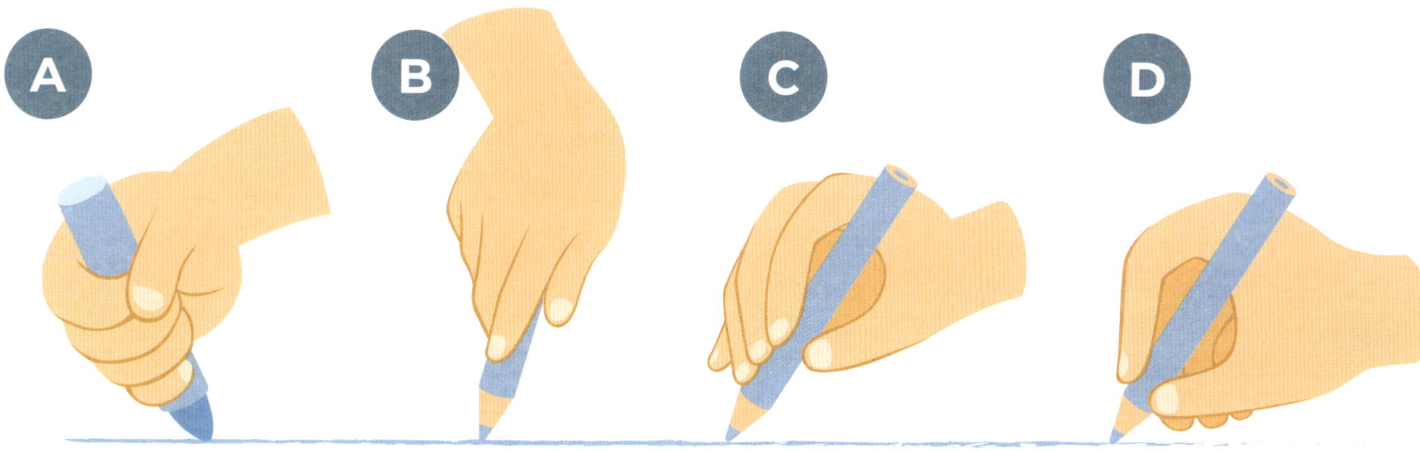

A) Preensão palmar: entre os 12 e 18 meses de idade, a criança usa praticamente toda a mão para segurar o lápis e movimenta também o ombro e o braço para movê-lo. Nessa fase, o mais adequado é usar um giz de cera bem grosso.

B) Preensão pronada: surge por volta dos 2 e 3 anos de idade. A criança passa a usar mais os dedos para segurar o lápis e o movimento envolve, principalmente, o antebraço e o cotovelo.

C) Preensão com quatro dedos: geralmente entre os 3 e os 4 anos de idade, a criança começa a usar quatro dedos para segurar o lápis e o movimento passa a se concentrar no punho e nos dedos.

D) Preensão trípode: surge por volta dos 4 anos e segue se desenvolvendo até cerca dos 7 anos de idade.

Como ajudar?

Cada criança tem seu tempo e cada fase é importante para o desenvolvimento motor. Nesse percurso, pode ser que a criança alterne as formas de preensão do lápis, até que o amadurecimento de funções permita uma acomodação na **preensão trípode**. Todavia, é importante ensinar a forma correta para evitar problemas de caligrafia e ergonômicos, que podem durar por toda a vida.

Procure auxiliar a criança a treinar a pega seguindo alguns passos:

1- Com a mão que usa para escrever, a criança deve fazer uma pinça com os três dedos: polegar, indicador e médio, mantendo-os abertos e deslocados mais à frente dos outros.

2- Ajude-a a colocar o lápis no espaço entre os dedos polegar e indicador e a deslizar esses dedos pelo lápis, para cima e para baixo algumas vezes, para treinar o movimento usado na escrita.

3- Em seguida, peça a ela que mantenha o lápis entre o polegar e o indicador e feche o dedo médio, apoiando o lápis e mantendo-o parado. Mostre que é melhor segurar mais perto da ponta, com o indicador a cerca de dois dedos de distância da ponta do lápis.

Sugira que a criança trace linhas em uma folha, da esquerda para a direita, e que observe como os seus outros dedos ajudam a mão a deslizar sobre a folha de papel. Mostre ainda que a outra mão ajuda a manter a folha no lugar e apoia o corpo para que ele fique reto.

Se a criança ainda estiver desenvolvendo a pega, prefira um giz de cera grosso ou use adaptadores. As crianças com mais idade podem começar com lápis triangulares ou sextavados, que facilitam o apoio dos dedos.

DIPLOMA

COLE
UMA FOTO
SUA AQUI.

CERTIFICAMOS QUE ....

COMPLETOU O LIVRO

Eu Experimento

CAMPOS DE
EXPERIÊNCIAS

PARABÉNS
CAMPOS DE EXPERIÊNCIAS